BEI GRIN MACHT SICH IHR WISSEN BEZAHLT

AF153229

- Wir veröffentlichen Ihre Hausarbeit, Bachelor- und Masterarbeit

- Ihr eigenes eBook und Buch - weltweit in allen wichtigen Shops

- Verdienen Sie an jedem Verkauf

Jetzt bei www.GRIN.com hochladen und kostenlos publizieren

Trainingsplanung für das Krafttraining nach der ILB-Methode

Alisa Johnson

Bibliografische Information der Deutschen Nationalbibliothek:

Die Deutsche Nationalbibliothek verzeichnet diese Publikation in der Deutschen Nationalbibliografie; detaillierte bibliografische Daten sind im Internet über http://dnb.d-nb.de abrufbar.

ISBN: 9783346657091
Dieses Buch ist auch als E-Book erhältlich.

© GRIN Publishing GmbH
Nymphenburger Straße 86
80636 München

Druck und Bindung: Books on Demand GmbH, Norderstedt Germany
Gedruckt auf säurefreiem Papier aus verantwortungsvollen Quellen

Das vorliegende Werk wurde sorgfältig erarbeitet. Dennoch übernehmen Autoren und Verlag für die Richtigkeit von Angaben, Hinweisen, Links und Ratschlägen sowie eventuelle Druckfehler keine Haftung.

Das Buch bei GRIN: https://www.grin.com/document/1223441

Einsendeaufgabe

Fachmodul:	Trainingslehre I
Studiengang:	Bachelor of Arts Fitnessökonomie
Datum Präsenzphase:	09.03.2020 – 12.03.2020
Matrikelnummer:	
Name, Vorname:	Johnson, Alisa-Josephine
Studienort:	**Stuttgart**
Semester:	**WS 2019**

Inhaltsverzeichnis

1 Lösung Aufgabe 1

1.1 Lösung Teilaufgabe 1.1

Tab.1: Allgemeine und biometrische Daten der Kundin (eigene Darstellung)

Alter	30
Geschlecht	weiblich
Körpergröße	1,68m
Körpergewicht	70Kg
Trainingsmotive	Körperfettreduktion Körperformung Schmerzlinderung
Berufliche Tätigkeit	Bürokauffrau
frühere sportliche Aktivität	Vom 12. bis 19. Lebensjahr 1 Mal pro Woche Tanztraining
momentane sportliche Aktivität	1-2 Mal pro Woche Walken für 40 Minuten
zeitlicher Verfügungsrahmen	2 Mal pro Woche, 1 Stunde
Blutdruck	123/83 mmHg*
Körperfettanteil	33%
Körperliche Beschwerden	Rückenschmerzen nach der Arbeit
Internistische Probleme	keine
Einnahme von Medikamenten	keine
Ärztliche Behandlung	momentan keine

* Millimeter-Quecksilbersäule

Aus Datenschutzgründen wird in dieser Einsendeaufgabe für das fiktive Mitglied der Name Frau C. gewählt.

Vergleicht man die Blutdruckwerte von Frau C. mit den Normwerten aus Tabelle 2, so stellt man fest, dass Frau C. im Bereich eines normalen Blutdrucks ist.

Hinsichtlich ihres Blutdrucks ergeben sich in der Trainingsplanung von Frau C. also keine Besonderheiten. Vergleicht man den Körperfettanteil von Frau C. mit den Normwerten aus Tabelle

3, sieht man, dass ihr Körperfettanteil unter die Kategorie „normal" fällt, es ergeben sich keine Einschränkungen in ihrer Belast- und Trainierbarkeit. Allerdings sollte man beachten, dass es bei Frau C. aufgrund ihrer Rückenschmerzen zu eventuellen Beeinträchtigungen der Belastbarkeit kommen kann.

Tab.2: Blutdruckklassifiaktion der American Heart Association (modifiziert nach Mancia et al., 2013, S.1286)

Bewertungsstufen	Systolischer Blutdruck	Diastolischer Blutdruck
	Normblutdruck (Normotonie)	
Optimal	Unter 120 mmHg	Unter 80 mmHg
Normal	Unter 130 mmHg	Unter 85 mmHg
hochnormal	130-139 mmHg	85-89 mmHg
	Bluthochdruck (arterielle Hypertonie)	
Stufe 1	140-159 mmHg	90-99 mmHg
Stufe 2	160-179 mmHg	100-109 mmHg
Stufe 3	>180 mmHg	>110 mmHg

Tab.3: Körperfettklassifikation für Frauen des Instituts für Sport und Bewegungsmedizin (modifiziert nach Gallagher et al., 2000)

Alter (Jahre)	niedrig	normal	hoch	sehr hoch
20-39	< 21%	21-33%	33-39%	≥39%
40-59	< 23%	23-34%	34-40%	≥40%
60-79	< 24%	24-36%	36-42%	≥42%

1.2 Lösung Teilaufgabe 1.2

Mit Frau C. wird ein X-RM-Test durchgeführt, welcher sich für Trainierende im Fitness- und Gesundheitssport gut eignet. Bei diesem Test wird mit der Wiederholungszahl getestet, mit der später auch trainiert werden soll, was ihn sehr praktikabel für die weitere Trainingsplanung von Frau C. macht.

Da Frau C. Anfängerin im Krafttraining ist, wird von der Intensitätsbestimmung über das subjektive Belastungsempfinden abgesehen.

Aufgrund der mangelnden Trainingserfahrung hat Frau C. wahrscheinlich ein schlecht ausgeprägtes Belastungsempfinden und die Gefahr besteht, dass die Belastung zu gering gewählt wird.

Der 1-RM-Test, bei dem diejenige Last gewählt wird, die gerade noch einmal bewegt werden kann und welcher ursprünglich aus dem Leistungssport stammt, eignet sich ebenfalls weniger für eine Krafttrainingsbeginnerin.

Aufgrund der hohen mechanischen Belastungen, besteht eine vermehrte Verletzungsgefahr, der man hier, auch bedingt durch die vorhandenen Rückenschmerzen von Frau C., aus dem Weg gehen will.

Vor der eigentlichen Krafttestung bei Frau C. wärmt sie sich unter submaximaler Belastung auf dem Crosstrainer auf. Anschließend erfolgt ein spezielles Aufwärmen an den jeweiligen Geräten, ebenfalls unter submaximaler Belastung.

Da der erste Mesozyklus auf Kraftausdauer ausgelegt ist, wird die Wiederholungszahl auf 20 festgelegt.

Die erste Übung und damit der erste Test ist der Latzug am Gerät. Der erste Testsatz wird mit 15Kg absolviert. Das Gewicht für den ersten Testsatz wird durch die subjektive Einschätzung des Trainers bestimmt. Nach 60 Sekunden Pause, wird der nächste Satz durchgeführt, das Gewicht wird um 5-10Kg, nach subjektivem Belastungsempfinden von Frau C., erhöht.

Das Endgewicht, ist das, womit die 20. Wiederholung gerade noch konzentrisch ausgeführt werden kann. Bei dieser Übung also 20Kg.

Dieser Test wird bei allen Übungen zur richtigen Gewichtsbestimmung mit jeweils maximal 3 Testsätzen durchgeführt.

Tab.4: X-RM-Test von Frau C. (eigene Darstellung)

Testübung	WH	1.Testsatz	2.Testsatz	3.Testsatz	Ergebnis
Latzug am Gerät	20	15Kg	20Kg	-	20Kg
Beinpresse sitzend	20	40Kg	45Kg	50Kg	50Kg
Brustpresse	20	10Kg	15Kg	20Kg	20Kg

Rudern an der Maschine	20	30Kg	35Kg	-	35Kg
Rumpfflexion am Gerät	20	5Kg	10Kg	.	10Kg
Biceps Curls mit Kurzhanteln	20	0,5Kg	1Kg	1,5Kg	1,5Kg
Beinbeuger	20	20Kg	25Kg	30Kg	30Kg
Armstrecken am Kabelzug	20	5Kg	10Kg	12Kg	12Kg

Die Daten des durchgeführten Krafttests können jetzt als Grundlage für die weitere Trainingsplanung von Frau C. genutzt werden. Da die sportliche Leistungsfähigkeit einer Person von vielen Faktoren wie z.b. der Genetik, dem Trainingsalter, der Ernährung, der Psyche und den sozialen Bedingungen abhängig ist und man für einen interindividuellen Leistungsvergleich von jeder möglichen Kraftübung Norm- bzw. Referenzwerte bräuchte, gibt es bei dieser Art der Krafttestung keine Möglichkeit für einen Norm- bzw. Referenzwertvergleich.

Durch Tests in regelmäßigen Abständen kann die Leistungsentwicklung von Frau C. dokumentiert werden. Für ein exaktes Ergebnis zum Vergleich müssen die Tests immer unter den gleichen Rahmenbedingungen und nach dem gleichen Ablauf stattfinden. In Tab.7: (Grobraster zur Trainingsplanung nach der ILB-Methode) lassen sich die Trainingsintensitäten für den nachfolgenden Trainingsplan ableiten.

Da Frau C. zwar bereits eine 1,5-monatige Orientierungsphase hatte, aber davor noch nie Krafttraining absolviert hat, wird sie nach Tab.7 als Beginner eingestuft, woraus sich als Trainingsintensität 50-70% des Testgewichtes ergeben.

6

2 Lösung Aufgabe 2

Tab.5: Zielsetzung von Frau C. (eigene Darstellung)

	Inhalt	Ausmaß	Zeit
Ziel 1	Körperfettreduk-tion	2%	3 Monate
Ziel 2	Muskelaufbau	1Kg	6 Monate
Ziel 3	Stärkung der Rü-ckenmuskulatur	10%	10 Wochen

Ein Ziel von Frau C. ist die Körperfettreduktion um 2% innerhalb von 4 Monaten. Durch Krafttraining steigen der Grundumsatz und der Energieverbrauch in Ruhe.

Durch die Körperfettreduktion wird die von Frau C. gewünschte Körperformung ebenfalls unterstützt, da die Straffung durch den Muskelaufbau so erst sichtbar wird.

Ein weiteres Ziel von Frau C. ist der Muskelaufbau um 1Kg innerhalb von 6 Monaten, da eines ihrer Trainingsmotive die Körperformung ist.

Durch Muskelaufbau steigen der Grundumsatz sowie der Energiebedarf.

Außerdem vergrößert sich die Muskelmasse, was zu einer Straffung und dadurch zu der gewünschten Körperformung führt. Das letzte Ziel von Frau C. ist die Stärkung der Rückenmuskulatur um 10% innerhalb von 10 Wochen. Aufgrund ihrer beruflichen Tätigkeit sitzt Frau C. die meiste Zeit des Tages, woraus ihre Rückenschmerzen nach der Arbeit resultieren.

Durch explizite Stärkung der Rückenmuskulatur sollen diese reduziert werden.

Mithilfe eines Krafttests kann die Stärkung der Rückenmuskulatur gemessen und dokumentiert werden. Es ist zu erwähnen, dass die Reduzierung der Rückenschmerzen von Frau C. auch subjektiv von ihr bemerkt werden wird, da sie spüren wird, dass sich diese Schmerzen verringern.

3 Lösung Aufgabe 3

Tab.6: Makrozyklus (Eigene Darstellung)

	Mesozyklus I	Mesozyklus II	Mesozyklus III	Mesozyklus IV
Dauer	6 Wochen	8 Wochen	8 Wochen	6 Wochen
Trainingsziel	Kraftausdauer	Hypertrophie	Hypertrophie	Maximalkraft
Häufigkeit/Woche	2	2	2	2
Organisationsform	GK, Stationstraining	GK, Stationstraining	GK, Stationstraining	GK, Stationstraining
Übungen/Muskel	1-2	1-2	2	1-2
Sätze/Übung	2	2	2	1-2
Intensität	50-70%	50-70%	50-70%	50-70%
Wiederholungen	20	10	12	6
Satzpausen	30-60 Sekunden	60-90 Sekunden	60-90 Sekunden	90-120 Sekunden
Bewegungstempo	2/0/2	2/0/2	2/0/2	2/0/2

Für Frau C. wurde eine Makrozyklusplanung nach der ILB-Methode gewählt.

Die Nützlichkeit dieser Weise der Belastungsgestaltung, liegt laut Haupert (2007) „in der detaillierten Trainingsplanung, die mit einer sukzessiven Belastungssteigerung einhergeht und außerdem einen Methodenwechsel ermöglicht, womit die ILB-Methode auch langfristig adaptiv ist" (S.66).

Mit dieser Methode können also die Ziele von Frau C. bei entsprechender Trainingsplangestaltung langfristig erreicht werden und aufgrund der sukzessiven Belastungssteigerung kommt es zu keiner Überforderung des Mitglieds.

8

Tab.7: Grobraster zur Trainingsplanung nach der ILB-Methode (modifiziert nach Strack & Eifler, 2005, S.153)

Leistungs-stufe	Zeitstufe (Monate)	Orga.-form	Häufigkeit/ Woche	Übungen/ Muskel-gruppe	Sätze/ Übung	Intensität (%X-RM*)
Orientie-rungs-stufe	0-1,5	GK	2	1-2	1-2	gering
Beginner	1,5-6	GK	2	1-2	1-2	50-70
Geübte	6-12	GK	2-3	1-2	2	60-80
Fortge-schrit-tene	>12	GK/Split	3-4	1-3	2-3	70-90
Leistungs-trainie-rende	>36	GK/Split	3-6	1-4	2-4	80-100

GK=Ganzkörpertraining; Split= Splittraining

*Wiederholungszahl variiert je nach Trainingsziel

Da Frau C. wie bereits erwähnt, zwar schon eine 1,5-monatige Orientierungsphase absolviert hat, davor aber noch nie Krafttraining gemacht hat, wird sie trotzdem als Beginnerin eingestuft. Dadurch ergeben sich aus Tabelle 5 die im Makrozyklus gewählten Belastungsparameter, die unter anderem 1-2 Übungen pro Muskelgruppe und 1-2 Sätze pro Übung beinhalten.

„Hinsichtlich der Wiederholungszahlen werden bei der ILB-Methode die folgenden Empfehlungen ausgesprochen:

- Kraftausdauertraining: 15-30 Wiederholungen
- Hypertrophietraining: 8-15 Wiederholungen
- Maximalkrafttraining: 5-8 Wiederholungen" (Eifler, 2017, S.68).

Frau C. kann laut eigenen Angaben nur 2 Mal pro Woche trainieren, weswegen sich ein Ganzkörpertraining gut eignet.

Dieses ist in der angegebenen Zeit gut durch zu führen und stimmt ebenfalls mit der Übungsanzahl überein. Bei der Häufigkeit der Trainingseinheiten pro Woche wird genug Zeit für Regenerationsphasen eingeplant, auch kann sie weiterhin 1 bis 2 Mal pro Woche Walken gehen.

In jedem Mesozyklus wurde für Frau C. das Stationstraining gewählt. da dieses eine sehr effektive Methode für das konditionelle Ausschöpfen des Muskels ist (Pauls, 2014, S.73).

9

„Grundprinzipien der ILB-Methode sind der systematische Wechsel der vier bis zwölf Wochen dauernden Trainingszyklen – Kraftausdauer, Hypertrophie, Maximalkraft – sowie die Steigerung der Belastungsintensiät von Woche zu Woche innerhalb eines Trainingszyklus in Abhängigkeit von der erreichten Leistungsstufe" (Haupert, 2007, S.63).

Begonnen wird also mit einem Kraftausdauertraining von 6 Wochen.

„Die Kraftausdauer ist die Widerstandsfähigkeit der Muskulatur gegenüber Ermüdung bei langen oder sich wiederholenden Kraftleistungen" (Spring et al., 2008, S.37).

Die Kraftausdauer spielt deshalb gerade im Alltag eine große Rolle, denn vor allem die richtige Körperhaltung, z.b. während der Arbeit, erfordert viel Kraftausdauer (Spring et al., 2008, S.37).

Gerade Frau C. ist aufgrund ihres Berufes, der langes Sitzen mit sich bringt, auf eine gute Kraftausdauer angewiesen ist, sodass sie möglichst lange und ausdauernd die richtige Körperhaltung einnehmen kann und somit weiteren Rückenschmerzen vorbeugen kann.

Weitere Effekte eines Kraftausdauertrainings sind Neubildung der Kapillaren in der beanspruchten Muskulatur und eine Volumenvermehrung der Mitochondrien (Mathias, 2018, S.74).

Durch dieses Training wird also außerdem eine Grundlage für die folgenden Mesozyklen geschaffen.

In den nächsten zwei Mesozyklen folgt jeweils für 8 Wochen ein Hypertrophietraining, also ein Muskelaufbautraining. Hier ist das Ziel der Muskelaufbau, also die Dickenzunahme der beanspruchten Muskulatur. Eine vermehrte Muskelmasse führt ebenso zu einem erhöhten Gesamtenergieverbrauch (Pauls, 2014, S.23). „Nur aufgrund der Präsenz von mehr Muskulatur wird also bereits mehr Energie verbraucht" (Gottlob, 2007, S.21). Diese Adaptionen führen zu der von Frau C. gewünschten Körperformung, die durch den Muskelaufbau und die gleichzeitige Körperfettreduktion sichtbar wird.

Im letzten Mesozyklus ist ein 6-wöchiges Maximalkrafttraining geplant.

Ein positiver Effekt ist hier, dass es durch mehr Muskelmasse auch zu einer Verstärkung weiterer Strukturen, wie Bänder, Sehnen, Knochen und Knorpel kommt (Gottlob, 2020, S.10). Eine weitere wichtige Adaption ist für Frau C. die langfristig durch das Training verbesserte Körperhaltung (Gottlob, 2020, S.12).

4 Lösung Aufgabe 4

Tab.8: Mesozyklus I (Eigene Darstellung)

Mesozyk-lus I	Trainingsziel: Kraftausdauer	Häufigkeit/Woche: 2 Mal	Sätze/Übung: 2
Dauer: 6Wochen	Organisationsform: GK, Stationstraining	Übungen/Muskelgruppe: 1-2	Intensität: Ca. 60% des X-RM-Tests
Übung	Wiederholungen	Pause	Bewegungstempo
Latzug am Gerät	20	60 Sekunden	2/0/2
Bein-presse sitzend	20	60 Sekunden	2/0/2
Brust-presse	20	60 Sekunden	2/0/2
Rudern an der Maschine	20	60 Sekunden	2/0/2
Rumpffle-xion am Gerät	20	60 Sekunden	2/0/2
Biceps Curls mit Kurzhan-teln	20	60 Sekunden	2/0/2
Beinbeu-ger	20	60 Sekunden	2/0/2
Armstre-cken am Kabelzug	20	60 Sekunden	2/0/2

In dem Trainingsplan von Frau C. wurde der Schwerpunkt auf Übungen an Geräten gelegt. Das Verletzungsrisiko ist hier sehr gering, was gerade für Anfänger, wie Frau C. wichtig ist. Die Übungen sind laut Stemper (2012) genau durch das entsprechende Gerät vorgegeben. Auch

11

sind, laut Stemper, durch das Training an Maschinen kontrollierte Bewegungen mit größtmöglicher Sicherung der Gelenke möglich und gewünschte Muskeln oder Muskelgruppen lassen sich gezielt trainieren. Wie bereits erwähnt, kann es durch die Rückenschmerzen zu Beeinträchtigungen der Belastbarkeit kommen, weshalb die exakte Bewegungsausführung eine sehr wichtige Rolle bei Frau C. spielt. Die Übungen lassen sich des Weiteren, auch leichter erlernen. Um Frau C. auch etwas Abwechslung zu ermöglichen und somit eventueller Langeweile oder Demotivation im Training vorzubeugen, wurden auch eine Übung mit Kurzhanteln und eine Übung am Kabelzug gewählt. Es wurde außerdem darauf geachtet mehrgelenkige Übungen vor eingelenkigen Übungen und Übungen mit großen Muskelgruppen vor Übungen mit kleinen Muskelgruppen zu trainieren, sodass die beanspruchten Muskeln nicht zuvor schon erschöpft werden.

Ein Ziel von Frau C. ist die Kräftigung der Rückenmuskulatur ist, weswegen mit dem Latzug begonnen wird, da hierbei vor allem die Rückenmuskeln trainiert werden. Beansprucht werden durch die Adduktion des Schultergelenkes der M. latissimus dorsi, der M. teres major und der M. deltoideus, pars spinata. Durch die Flexion des Ellenbogengelenks wird auch der M. biceps brachii beansprucht. Die folgende Übung ist die Beinpresse, auch diese Übung wird ziemlich am Anfang des Trainingsplanes absolviert, da sie sehr komplex ist. Bei der Beinpresse werden der M. glutaeus und der M. quadriceps femoris trainiert (Delavier, 2019, S.135). Zum Gehen wird primär der M. quadriceps femoris benötigt, der bei dieser Übung mit trainiert wird. Außerdem wurde diese Beinübung einer freien Beinübung vorgezogen, da sich ein Training an Maschinen, wie bereits erwähnt, für Anfänger gut eignet. Um auch die Brustmuskulatur nicht zu vernachlässigen folgt die Brustpresse. Trainiert werden hier der M. pectoralis major, sowie der M. triceps brachii. Als nächstes kommt das Rudern an der Maschine, um die Rückenmuskulatur zu stärken. Trainiert werden bei dieser Übung wieder vor allem die Rückenmuskeln. Der M. trapezius, pars transversa sowie der M. latissimus dorsi werden beansprucht. Um den Rückenschmerzen entgegenzuwirken und für die richtige Körperhaltung werden auch kräftige Bauchmuskeln benötigt, weswegen die nächste Übung die Rumpfflexion am Gerät ist. Trainiert werden bei dieser Übung der M. rectus abdominis, sowie die innere und äußere schräge Bauchmuskulatur. Bei den folgenden Bicepscurls mit Kurzhanteln macht Frau C. nun zum ersten Mal eine komplett freie Übung, die sich jedoch trotzdem noch für Beginner eignet. Vorteil von Übungen mit freien Gewichten ist, dass diese Übungen alltagsnäher sind und auch gleichzeitig ein Autostabilisationstraining erfolgt, dass für Frau C. für die Vorbeugung ihrer Rückenschmerzen sinnvoll ist. Trainiert wird der M. biceps brachii, da sich Frau C. eine sichtbare Körperfor-mung wünscht, ist das Training von der Armmuskulatur sinnvoll, so dass diese sichtbar gestrafft wird. Folgende Übung ist der Beinbeuger an der Maschine. Trainiert wird hier die ischiocrurale Muskulatur, um muskuläre Dysbalancen zu vermeiden. Auch hier wurde der Fehlerbildung vorgebeugt, indem eine Übung an der Maschine gewählt wurde. Um erneut muskuläre Dysba-lancen zu vermeiden wird zum Abschluss noch der M. triceps brachii durch das Armstrecken am Kabelzug trainiert (Delavier, 2019, S.20). Für die Straffung und dadurch sichtbare Körper-formung, wie von Frau C. gewünscht, sind die Armmuskeln nicht zu vernachlässigen.

5 Lösung Aufgabe 5

Effekte des Krafttrainings bei Rückenbeschwerden

Tab.9: („ Effects of functional resistance training on fitness and quality of life in females with chronic nonspecific low-back-pain")

Tabelle 1 („ **Effects of functional resistance training on fitness and quality of life in females with chronic nonspe-cific low-back-pain"**)

Titel der Studie	Auswirkungen von funktionellem Krafttrai-ning auf die Fitness und Lebensqualität von Frauen mit chronischen Rücken-schmerzen im Lendenwirbelbereich („ Effects of functional resistance training on fitness and quality of life in females with chronic nonspecific low-back-pain")
Wer hat die Studie publiziert?	Cortell-Tormo, JM; Sánchez, PT; Chulvi-Medrano, I; Tortosa-Mártinez, J; Mánchado-López, C; Llana-Belloch, S & Pérez-Soriano, P
In welchem Jahr wurde die Studie publi-ziert?	2018

Welche Forschungsfrage wurde unter-sucht?	Welche Auswirkungen hat ein 12-wöchi-ges funktionelles Krafttraining auf die ge-sundheitsbezogene Lebensqualität, die körperliche Einschränkung, die Schmer-zen, und die körperliche Fitness auf Frauen mit chronischen Rückenschmer-zen im Lendenwirbelbereich?
Mit welchen Versuchspersonen wurde die Studie durchgeführt?	19 Frauen mit chronischen Rücken-schmerzen im Lendenwirbelbereich, die nach den Kriterien der Pariser Task Force für Rückenschmerzen rekrutiert wurden
Wie sah der Versuchsaufbau der Studie aus?	Die Frauen wurden nach dem Zufallsprin-zip einer Kontrollgruppe und einer Übungsgruppe zugeteilt. Die Frauen trai-nierten 12 Wochen lang, 2 Mal pro Wo-che, also insgesamt 24 Mal. Vor dem ers-ten und nach dem letzten Training wurden die Frauen getestet. Die Schmerzen wur-den anhand der visuellen Analogskala (VAS), die körperliche Einschränkung an-hand des Oswestry Disability Index (ODI) und die gesundheitsbezogene Lebens-qualität anhand eines Fragebogens mit 36 Fragen getestet. Die körperliche Fit-ness wurde mit folgenden Methoden ge-messen: Flamingotest, Rückenausdauer-test, Test der seitlichen Planks, Bauch-Curl-Up-Test und dem 60-Sekunden - Squat –Test.
Welche relevanten Ergebnisse und Schlussfolgerungen lieferte die Studie?	Die Übungsgruppe zeigte signifikante Verbesserungen in jedem Testverfahren. Das funktionelle Krafttraining verringerte die Schmerzen und die körperliche Ein-

	schränkungen, verbesserte die gesund-heitsbezogene Lebensqualität, die Balance und die körperliche Fitness der Übungsgruppe. Man kann funktionelles Krafttraining bei Frauen also anwenden um die Schmerzen zu verringern.

Tab.10: („The effect of high-intensity resistance exercise on lumbar musculature in patients with low back pain: a prliminary study)

Titel der Studie	Die Wirkung von hochintensivem Widerstandraining auf die Lendenmuskulatur von Patienten mit Rückenschmerzen: eine vorläufige Studie („The effect of high-intensity resistance exercise on lumbar musculature in patients with low back pain: a preliminary study")
Wer hat die Studie publiziert?	Berry, DB; Padwal, J; Johnson, S; Englund, EK; Ward, SR & Shahidi, B
In welchem Jahr wurde die Studie publiziert?	2019
Welche Forschungsfrage wurde untersucht?	Welche Wirkung hat hochintensives Widerstandtraining auf die Größe (Querschnittsfläche) und die Qualität (Fettanteil) der Lumbalextensoren auf Personen mit Rückenschmerzen im Lendenwirbelbereich?
Mit welchen Versuchspersonen wurde die Studie durchgeführt?	14 Patienten mit Rückenschmerzen im Lendenwirbelbereich aus einer Rehabilitationsklinik
Wie sah der Versuchsaufbau der Studie aus?	Die Patienten führten ein 10-wöchiges maschinengestütztes Widerstandtraining mit hohen Intensitäten durch. Vor

	und nach dem 10-wöchigen Trainingsprogramm wurden die Patienten einer MRT-Untersuchung unterzogen. Ebenso wurden Schmerzen, körperliche Einschränkungen, Angst/Depressionen, Zufriedenheit, Kraft und Bewegungsumfang mittels einer Kovarianzanalyse vor und nach dem 10-wöchigen Trainingsprogramm ermittelt.
Welche relevanten Ergebnisse und Schlussfolgerungen lieferte die Studie?	Es gab keine signifikanten Unterschiede in der Muskelgröße oder dem Fettanteil der Lumbalextensoren der Patienten. Die Patienten berichteten jedoch über weniger Schmerzen und waren stärker am Ende des 10-wöchigen Trainings. Auch zeigten sich Verbesserungen in Bezug auf die körperlichen Einschränkungen und die Patienten waren weniger ängstlich/depressiv. Es ist zukünftige Forschung nötig, um zu ermitteln welche Patienten am ehesten auf diese Art der Behandlung ansprechen.

16

6 Literaturverzeichnis

Berry, D.B., Padwal, J., Johnson, S., Englund, E.K., Ward, S.R. & Shahidi, B. (2019). The effect of high-intensity resistance exercise on lumbar musculature in patients with low back pain: a preliminary study. o.O.: BMC

Cortell-Tormo, JM., Sánchez, PT.,Chulvi-Medrano,I., Tortosa-Martínez, J., Manchado-López, C et al. (2018). Effects of functional resistance training on fitness and quality of life in females with chronic nonspecific low-back pain.

Delavier,F. (2019). *Der neue Muskel-Guide.Gezieltes Krafttraining-Anatomie.* (16.Aufl.). München:BLV

Eifler,C.(2017).*Intensitätssteuerung im fitnessorientierten Krafttraining. Eine empirische Studie.* Marburg:Tectum.

Gottlob,A. (2007). *Differenziertes Krafttraining mit Schwerpunkt Wirbelsäule* (2. Aufl.). München: Urban&Fischer.

Gottlob, A. (2020). *Differenziertes Krafttraining mit Schwerpunkt Wirbelsäule* (5.Aufl.). München: Urban&Fischer.

Haupert, M. (2007). *Zur Belastungsbestimmung im fitnessorientierten Krafttraining – Eine explosive Studie zur Methodik.* Unveröffentlichte Diplomarbeit, Universität des Saarlandes. Saarbrücken.

Mathias, D. (2018). *Fit und gesund von 1 bis Hundert. Ernährung und Bewegung. Aktuelles medizinisches Wissen zur Gesundheit.* (4., vollständig aktualisierte und erweiterte Aufl.). Berlin: Springer.

Pauls, J. (2014). *Das große Buch vom Krafttraining.* (2., überarbeitete Neuaufl.). München: Copress.

Spring, H., Dvorák, J., Dvorák, V., Schneider, W., Tritschler, T & Villinger, B. (2008). *Theorie und Praxis der Trainingstherapie. Beweglichkeit- Kraft – Ausdauer – Koordination.* (3. Unveränderte Aufl.). Stuttgart: Georg Thieme.

Stemper,T. (2012). Krafttraining: besser an Maschinen oder als Functional Training ?. *Fitness & Gesundheit, 5,* S. 112-113.

7   Tabellenverzeichnis

Gallagher, D., Heymsfield, S., Heo, M., Jebb, S., Murgatroyd, P. & Sakamoto, Y. (2000). Healthy percentage body fat ranges: an approach for developing guidelines based on body mass index. *American Journal of Clinical Nutrition, 72 (3),* 694-701

Mancia, G., Fagard, R., Narkiewicz, K., Redón, J., Zanchetti, A., Böhm, M. et al. (2013) ESH/ESC Guidelines fort he management of arterial hypertension; the task force for the management of arterial hypertension oft he European Society of Hypertension (ESH) and the European Society of Cardiology (ESC). *Journal of Hypertension, 31,* 1281-1357.

Strack, A. & Eifler, C. (2005). The individual lifting performance method (ILP) – a practical method for fitness – and recretional strength training. (1. Aufl.). In J. Gießing, M. Fröhlich & P. Preuss (Hrsg), *Current Results of Strength Training Research* (S. 153-163). Göttingen: Cuvillier.